AF258303

CHAMBRE DE COMMERCE DE NANCY

RAPPORT

DE M. ROGÉ

SUR LA

DÉNONCIATION DU TRAITÉ DE COMMERCE

ENTRE LA FRANCE ET L'ITALIE

NANCY

IMPRIMERIE PAUL SORDOILLET

RUE SAINT-DIZIER, 51

1886

RAPPORT

DE M. ROGÉ

SUR LA

DÉNONCIATION DU TRAITÉ DE COMMERCE

ENTRE LA FRANCE ET L'ITALIE

Messieurs,

Vous m'avez chargé d'examiner quel parti il serait possible de tirer, en faveur de nos relations commerciales internationales, de la faculté que nous avons de dénoncer le traité de commerce conclu avec l'Italie.

Je vais avoir l'honneur de vous rendre compte de mes recherches.

Vous savez que le traité conclu avec l'Italie est entré en vigueur le 9 février 1882, qu'il doit prendre fin, comme les traités analogues conclus avec d'autres puissances, le 1er février 1892, à moins que, exceptionnellement, il ne soit dénoncé avant le 1er janvier 1887, auquel cas il doit cesser ses effets le 1er janvier 1888.

Je commence par vous dire que je n'ai pas cru devoir

examiner l'hypothèse d'une dénonciation, avec la pensée de ne pas remplacer le traité actuel par un autre et cela par la raison bien simple que vous vous êtes prononcés à différentes reprises en faveur des traités de commerce, et que, en effet, on imagine difficilement que le commerce et l'Industrie puissent prospérer en tant que rapports commerciaux internationaux, sans avoir la certitude d'une certaine durée dans la quotité des droits d'entrée de nos produits chez les nations voisines et réciproquement.

Des tarifs douaniers qui pourraient changer sans cesse, soit chez nous, soit chez les autres, enlèveraient au commerce et à l'industrie la certitude du lendemain qui leur est absolument nécessaire.

Mais à côté de la préférence à accorder aux traités, en principe, il y a lieu d'examiner si les droits qui y sont inscrits sont favorables à notre pays.

Ceci nous amène à les examiner dans leurs effets d'ensemble en tenant compte :

1º De la clause de la nation la plus favorisée inscrite dans tous nos traités et qui les lie les uns aux autres.

2º Des conséquences du traité de Francfort qui assure à l'Allemagne tous les abaissements de tarifs que nous consentons à l'Angleterre, la Belgique, l'Autriche, les Pays-Bas, la Suisse et la Russie.

Bien que l'Italie ne soit pas comprise dans la nomenclature des nations visées par le traité de Francfort, il n'en résulte pas moins que la Belgique, par exemple, jouissant des faveurs accordées à l'Italie et l'Allemagne de celles accordées à la Belgique, les produits allemands arrivent indirectement à être tarifés comme les produits italiens.

Ces traités forment donc un tout absolument lié, qui, en fait régit nos relations avec l'Europe entière.

Je voudrais rechercher avec vous, si ces traités nous sont favorables, et si, au moyen de la dénonciation du traité franco-italien, il est possible de modifier dès à présent notre situation, ou tout au moins de préparer une amélioration à appliquer à nos traités en 1892, lors de leur échéance.

Le meilleur moyen de juger de l'état de nos relations commerciales avec l'étranger, est, me semble-t-il de comparer, pendant une certaine période, les chiffres de nos exportations et de nos importations.

Si nos exportations vont en croissant, et arrivent à dépasser les importations, le pays s'enrichit.

Si le contraire a lieu, bien certainement il s'appauvrit.

Si le fait se produit pendant un ou deux ans accidentellement, le fait peut être dû à des causes passagères ; mais s'il est constant, il me semble difficile d'expliquer qu'un pays s'enrichit en achetant à l'étranger d'une façon constante, plus qu'il ne lui vend.

Ce qui a pu être dit des étrangers qui viennent dépenser leur argent chez nous ; des revenus de nos nationaux à l'étranger, revenus qui se dépensent en France ; ne me semble pas, bien loin de là, pouvoir équilibrer les écarts considérables que nous allons trouver et qui, pour moi, sont prélevés en grande partie sur l'épargne antérieure du pays.

J'ai fait à cet égard diverses comparaisons que je vais vous soumettre.

Prenons d'abord depuis 1869, les chiffres totaux de nos exportations et de nos importations, commerce spécial.

J'en ai fait un graphique dans lequel un centimètre d'ordonnée représente un milliard de francs.

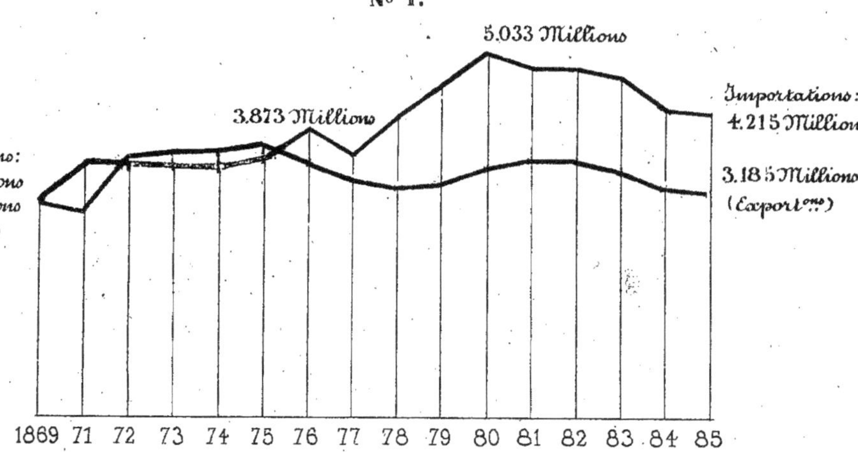

Vous voyez qu'en 1869, les chiffres importations et exportations sont sensiblement les mêmes.

3.153 millions à l'importation,
3.075   —   à l'exportation.

En 1871 (il n'y a pas de chiffres pour 1870), nos exportations ont sensiblement baissé, point n'est besoin d'expliquer pourquoi : mais immédiatement après, nos exportations ont dépassé nos importations, et cela a duré jusqu'en 1876.

A partir de 1876, nous avons constamment importé plus que nous n'avons exporté.

De 1876 à 1885 (Importation totale... 44.510 millions
(10 ans)   Exportation   — .. 33.898   »

                                 Écart..... 10.610 millions.

En dix années, nous avons acheté à l'étranger pour plus de 10 milliards de francs de plus que nous ne lui avons vendu, c'est-à-dire pour plus d'un milliard par an d'écart.

Si nous faisons le même travail pour l'Europe seulement, c'est-à-dire pour les pays pour lesquels nos échanges sont fonction de nos tarifs conventionnels, voici ce que nous trouvons, représenté par un grafique analogue au précédent.

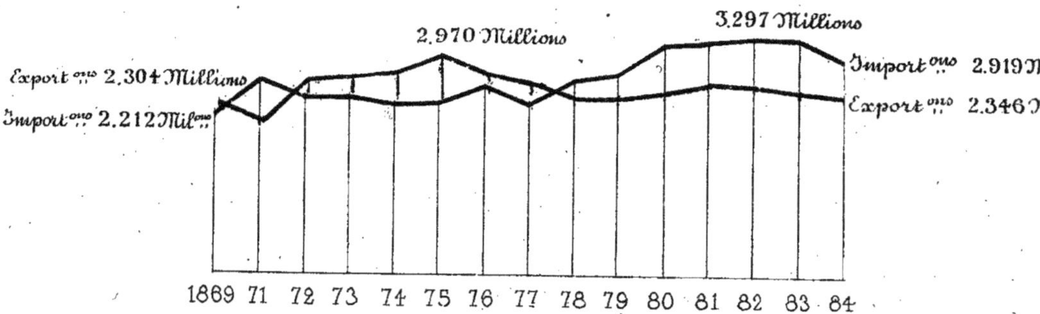

Sauf en 1871, nos exportations dans les différents pays d'Europe avaient dépassé nos importations jusqu'en 1877 ; mais à partir de 1878, nous achetons à l'Europe plus que nous lui vendons, à peu près pour 600 millions par an.

N'y a-t-il pas là l'indice d'une modification profonde dans les conditions relatives de production de notre pays avec les autres ?

Ne doit-on pas en conclure que les taxes, favorables pour nous jusque vers 1876-77, ont cessé de l'être depuis cette époque, et cela parce que les conditions de production de notre pays au vis-à-vis des autres, se sont profondément modifiées, soit de notre fait, soit du fait de nos concurrents, probablement, certainement même du fait des deux.

Si nous faisons le même travail pour l'Allemagne, nous pouvons tracer le graphique ci-dessous, dans lequel 1 centimètre représente 100 millions, c'est-à-dire qu'il est à une échelle dix fois plus grande que les précédents.

Jusqu'en 1877 nous exportions en Allemagne plus que nous ne lui achetions, mais à partir de 1877, à peu près comme pour le monde entier et pour l'Europe seulement, la situation se renverse :

Depuis 1877, nous avons importé d'Allemagne pour 3.453 millions et nous avons exporté pour 2.726 millions.

Nous avons acheté à l'Allemagne, depuis cette époque pour 727 millions de plus que nous ne lui avons vendu.

Pour l'année 1885, l'écart est de 74 millions.

J'ai fait le même travail pour l'Allemagne en distrayant les matières premières, et les produits naturels, et en le limitant aux produits manufacturés et aux produits non

dénommés; le graphique ci-dessus représente la comparaison.

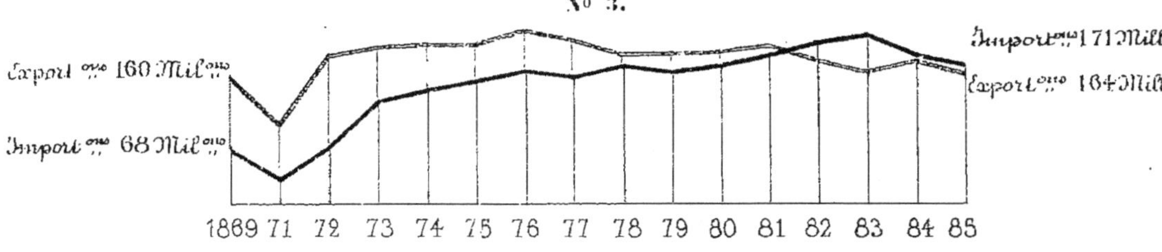

Et enfin le travail limité aux seuls produits manufacturés que voici :

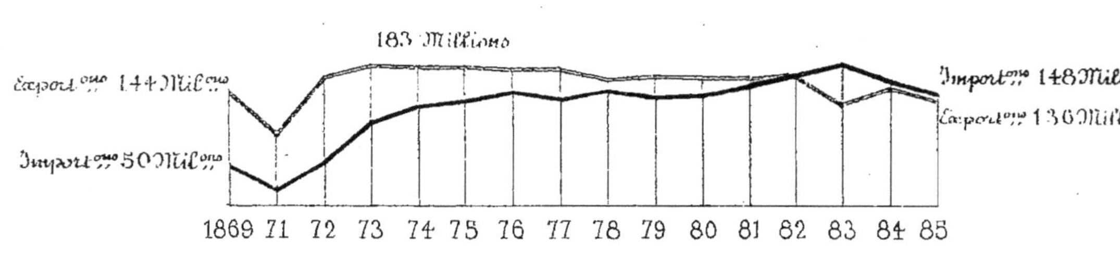

Pour les produits manufacturés et non dénommés, de
même que pour les produits manufacturés seuls, la
situation se renverse un peu plus tard, vers 1882, mais ce
qu'elle a de particulièrement grave, c'est qu'elle atteint
les produits fabriqués pour lesquels la balance était dans
le passé si largement en notre faveur.

Faisant le même travail pour les divers pays, avec lesquels nos rapports commerciaux ont une certaine importance, nous pouvons établir les tableaux suivants qui
donnent la comparaison pour les années 1874 et 1884.
Les chiffres expriment des millions de francs.

1° Pays dont l'importation en France a augmenté.

NATIONS.	IMPORTATIONS en 1874.	IMPORTATIONS en 1884.	DIFFÉRENCE en augmentation DE L'IMPORTATION entre 1874-1884.
Espagne...................	129 millions	298 millions	169 millions
Indes anglaises........	104 —	231 —	127 —
Allemagne............	315 —	416 —	101 —
République argentine ..	97 —	196 —	99 —
Italie	288 —	368 —	80 —
Belgique	409 —	463 —	54 —
Autriche.............	66 —	110 —	44 —
États-Unis...........	241 —	279 —	38 —
Australie.............	1 —	32 —	31 —
Angleterre...........	595 —	617 —	22 —
Suède................	38 —	59 —	21 —
Suisse................	96 —	116 —	20 —
Grèce................	5 —	25 —	20 —
Japon................	19 —	34 —	15 —
Chine................	75 —	87 —	12 —
Indes hollandaises.....	7 —	19 —	12 —
Portugal	12 —	22 —	10 —

Le même fait que nous avons constaté pour l'ensemble, augmentation de nos importations et diminution de nos exportations, se produit également, comme vous le voyez, avec presque tous les pays pris isolément. Les seules exceptions un peu sérieuses à cette fâcheuse situation sont, comme diminution à l'importation, la Turquie pour 47 millions, l'Égypte pour 27, le Pérou pour 18, les possessions espagnoles pour 12 et la Norwège pour 4 ; et comme augmentation de notre expor-

2⁾ Pays pour lesquels notre exportation a diminué.

NATIONS.	EXPORTATIONS en 1874.	EXPORTATIONS en 1884.	DIMINUTION de L'EXPORTATON.
Angleterre... , ...	992 millions	844 millions	148 millions
Allemagne............	413 —	327 —	86 —
Suisse...............	299 —	218 —	81 —
Belgique............	523 —	456 —	67 —
Turquie............	82 —	46 —	36 —
Italie...............	204 —	171 —	33 —
Russie	36 —	13 —	23 —
États-Unis.........	296 —	275 —	21 —
Égypte............	39 —	20 —	19 —
Chili...............	37 —	20 —	17 —
Pérou............	25 —	10 —	15 —
Possessions espagnoles..	15 —	5 —	10 —

tation, la République argentine 63 millions, l'Espagne 14 et l'Autriche 5 millions, toujours en comparant 1874 à 1884.

Que conclure de tous ces tableaux, sinon que notre situation est mauvaise, qu'il importe de la modifier !

Nos industriels peuvent, par des efforts et surtout par des efforts commerciaux regagner une partie du terrain perdu, je l'espère; mais il n'en paraît pas moins visible que les taxes actuelles sont à réviser, soit que les conditions relatives de production se soient modifiées, comme je le disais plus haut, soit que nos négociateurs aient eu trop en vue l'importation à bas prix des produits que nous achetons au dehors, et pas assez la conservation du marché national à nos propres produits. Toujours est-il que je ne crois pas qu'un pays puisse résister longtemps à des achats qui dépassent par an ses ventes d'un milliard de francs, à moins que ce milliard ne lui vienne tous les ans d'autres sources que la production du pays, ce qui ne m'apparaît pas,

Nous n'avons pas de colonies productrices, comme l'Angleterre, ni une marine qui transporte pour les autres, comme jadis la Hollande, ni de touristes qui viennent dépenser leur argent chez nous, comme la Suisse ; du moins, si nous avons de tout cela, c'est dans une bien faible mesure, et en tous cas, nous l'avions tout autant avant 1875, 1876, 1877, qui sont les années où la balance s'est retournée pour nous dans le sens défavorable. Quelles que soient les théories que l'on puisse faire sur la balance commerciale, — il me paraît évident que, alors que la France vendait pour 350 millions de plus par an qu'elle n'achetait au dehors, comme en 1874, sa situation était tout autre qu'aujourd'hui, où elle achète pour un milliard de plus qu'elle ne vend.

Que quelques circonstances spéciales fassent que la balance commerciale ne représente pas au juste l'augmentation ou la diminution de la fortune publique, ces circonstances n'ont pas sensiblement changé, et l'écart n'en est pas moins entre les deux situations de 1874 et d'aujourd'hui de 1,350 millions, ce qui me paraît à moi absolument effrayant et ne pouvoir continuer sans péril.

Ceci semblant démontrer que les taxes de nos tarifs ne répondent plus aux conditions actuelles, pouvons-nous espérer arriver, en dénonçant le traité franco-italien, avant le 1er janvier 1887, et en employant l'année 1887 à en conclure un nouveau modifiant certains chiffres, soit à améliorer notre situation générale, soit à préparer des éléments pour les nouveaux traités à conclure en 1892.

Au point de vue pratique, on ne peut guère se rendre compte de l'utilité qu'il y aurait à modifier les taxes à l'entrée en France des produits italiens qui sont engagés avec d'autres nations par traités.

Bien évidemment, le traité à intervenir ne pourrait être consenti par l'Italie qu'à condition de contenir la clause du traitement de la nation la plus favorisée. Il serait par suite lettre morte pour tous les produits engagés avec d'autres nations ; ce serait une simple indication platonique de nos intentions pour l'avenir.

Cherchons donc dans le traité italien quels sont les articles non engagés et quelle est leur importance.

Ce traité vise 233 articles dont 185 sont inscrits dans d'autres traités avec d'autres pays. Pour ces 185 articles, une révision en augmentation de droits serait sans effet utile.

Il reste 48 articles non engagés avec les autres pays. Ces 48 articles se divisent en 25 exempts de droits et 23 qui acquittent des droits.

Des 25 articles qui, à l'entrée d'Italie en France sont exempts de droits, 20 sont exempts de droits par notre tarif général, ceux-ci sont donc hors de cause à moins de modification au tarif général.

Il reste 5 articles : les statues en albâtre, les statues en pierre, les ocres broyés, le talc pulvérisé, la terre d'Italie, qui sont taxés au tarif général, sont exempts en provenance d'Italie et qu'on pourrait donc taxer.

Sur les 23 articles italiens non engagés avec d'autres nations, et qui paient des droits à l'entrée d'Italie en France, 9 paient les droits du tarif général ; rien à faire pour eux, sans modifier le tarif général.

Il en reste 14 qui paient des droits inférieurs au tarif général, et qu'on pourrait relever, ce sont :

	UNITÉ.	TARIF franco-italien.	TARIF général français.
Plumes à lit taxées	100 kil.	15 f »	20 f »
Semoules et pâtes	—	3 »	6 »
Truffes....................	—	10 »	200 »
Albâtre scié...............	—	1 50	2 50
Albâtre sculpté............	—	5 »	6 »
Pierres sculptées, chiques....	—	4 »	15 »
— autres.....	—	0 50	3 »
Sulfate de quinine		12 par o/o	5 o/o ad val.
Émail....................	—	3 75	4 75
Grains en émail...........	—	12 »	25 »
Cornets à pistons...........	pièce.	3 »	3 50
Boutons en porcelaine.......	100 kil.	16 »	20 «
— en métal...........	—	40 »	50 »

En résumé on se trouve en présence de

5 articles italiens exempts de droits à l'entrée en France, bien que taxés au tarif général et que par suite on pourrait frapper

14 articles qui paient des droits moindres que ceux du tarif général et qu'on pourrait surtaxer,

ensemble 19 articles dont on pourrait modifier la taxe sans toucher au tarif général,

et 29 dont on pourrait modifier les droits à l'importation, à condition de changer le tarif général.

C'est ainsi que se décomposent les 48 articles sur lesquels la dénonciation nous rendrait notre liberté. Cette liberté n'aurait guère de chances d'être utilisée que pour les 19 premiers articles, car il n'est pas supposable qu'on change en ce moment le tarif général.

Si nous examinons maintenant l'importance à l'importation de ces diverses marchandises venant d'Italie, nous pouvons les classer comme dans le tableau ci-après relatif à l'année 1885, en marchandises pour lesquelles nous n'avons d'engagements avec personne, celles pour lesquelles nous avons des engagements avec l'Italie seule, celles pour lesquelles nous sommes engagés avec d'autres puissances,

Et nous voyons que pour l'année 1885, par exemple, sur un chiffre d'importation total de 243 millions, 209 millions représentent les importations d'articles pour lesquels nous sommes engagés avec d'autres nations, et pour lesquels un traité nouveau avec l'Italie ne modifierait rien, 25 millions représentant les importations italiennes pour les bestiaux et céréales, qui échappent à l'action des traités de commerce. 8 millions environ représentant les importations d'articles pour lesquels nous sommes seulement liés avec l'Italie, et dans ces 8 millions, 7 1/2 sont les importations de riz, lequel riz est exempt par le tarif général, d'où il résulte que pour le frapper, il faudrait modifier le tarif général.

De ces chiffres, il ressort qu'un traité nouveau avec l'Italie, de quelque précaution que l'on s'entoure, et même avec une loi modifiant le tarif général au sujet du riz, ne pourrait avoir d'effet que sur une importation de 8 millions de francs de produits, c'est la conséquence de nos autres traités et de la clause du traitement de la nation la plus favorisée.

	TOTAL DES IMPORTATIONS. Valeur en millions de fr.	IMPORTATIONS d'articles pour lesquels nous n'avons d'engagem¹ avec personne.	IMPORTATIONS d'articles pour lesquels nous avons des engagem¹ avec l'Italie seule.	IMPORTATIONS d'articles pour lesquels nous sommes engagés avec d'autres pays.	TAXE de notre tarif général.	TAXE de notre traité franco-italien.	PAYS avec lesquels nous sommes liés POUR LES ARTICLES de la colonne D.
	A	B	C	D	E	F	G
Albâtre...........	0.2	»	0.2	»	Ex.	Ex.	
Bois communs.....	5.3	»	»	5.3			Belgique, Espagne, Portugal.
Cendres et regrets d'orfèvres	»	»	»	»			Espagne, Suisse.
Chanvre..........	5.6	»	»	5.6			Belgique.
Chevaux et bêtes de somme...	1.7	1.7	»	»			
Cheveux non ouvrés.	0.3	»	»	0.3			Espagne.
Coton en laine.....	0.7	»	»	0.7			Belgique.
Fer (minerai)......	»	»	»	»			Belgique, Espagne.
Fourrages.........	0.7	»	»	0.7			Belgique, Espagne.
Graines } à ensemencer .	0.9	»	»	0.9			Belgique.
Graines } oléagineuses..	0.4	»	»	0.4			Belgique, Espagne, Portugal.
Graisses de toutes sortes	0.3	»	»	0.3			Belgique, Espagne, Suède.
Laines en masses ..	0.3	»	»	0.3			Belgique, Espagne, Portugal.
Marbre blanc (statuaire et autre)..	2.5	»	»	2.5			Belgique.
Matériaux à bâtir ..	0.5	»	»	0.5			Belgique.
Minerai de zinc....	1 »	»	»	1 »			Belgique, Espagne, Portugal.
Peaux brutes et pelleteries.........	7.7	»	»	7.7			Belgique, Espagne, Portugal.
Pierres et terres pour arts et métiers...	1 »	»	»	1 »			Suède.
Soies en cocons secs et frais........	3.3	»	»	3.3			Espagne, Portugal.
Soie et bourre de soie	63.3	»	»	63.3			Espagne, Portugal.
Soufre non épuré ..	6.6	»	»	6.6			Espagne.
Sumac et fustet....	3 »	»	»	3 »			Espagne.
Bestiaux..........	22.4	22.4	»	»			
Beurre frais ou fondu	3.8	»	»	3.8			Belgique, Suède, Suisse
Céréales (grains et farines).........	1.6	1.6	»	»			
Fromages.........	1.4	»	»	1.4			Suède, Suisse.
Fruits de table.....	9.5	»	»	9.5			Espagne, Portugal.
Gibier, volailles et tortues	4.2	»	»	4.2			(Volaille : Belgique, Gibier : Espagne.
A reporter...	147.6	25.4	0.2	122.0			

	TOTAL DES IMPORTATIONS Valeur en millions de fr.	IMPORTATIONS d'articles pour lesquels nous n'avons d'engagem' avec personne.	IMPORTATIONS d'articles pour lesquels nous avons des engagm'ts avec l'Italie seule.	IMPORTATIONS d'articles pour lesquels nous sommes engagés avec d'autres pays.	TAXES de notre tarif général.	TAXES de notre traité franco-italien.	PAYS avec lesquels nous sommes liés POUR LES ARTICLES de la colonne D.
	A	B	C	D	E	F	G
Report...	147.6	25.4	0.2	122.0			
Huile d'olive......	14.5	»	»	14.5			Espagne, Portugal.
Légumes secs et leurs farines.....	2 »	»	»	2 »			Belgique, Espagne, Portugal.
Marrons, châtaignes	0.9	»	»	0.9			Espagne, Portugal.
Œufs de volaille et gibier..........	5.6	»	»	5.6			Belgique, Portugal.
Poissons de mer et d'eau douce.....	1.3	»	»	1.3			Belgique, Espagne, Portugal.
Riz en grains......	7.7	»	7.7	»	Ex.	Ex.	
Semoule en pâte, pâte d'Italie.....	0.2	»	0.2	»	6 »	3 »	
Viandes fraîches ou salées..........	3.4	»	»	3.4			Espagne, Suisse.
Vins.............	43.1	»	»	43.1			Espagne, Portugal.
Acide citrique.....	0.7	»	»	0.7			Espagne.
Bijouterie, orfèvrerie	0.1	»	»	0.1			Suisse.
Cartons, papiers, livres, gravures..	0.6	»	»	0.6			Belgique, Espagne.
Chapeaux de paille.	1.2	»	»	1.2			Belgique, Suède.
Corail taillé non monté...........	1.1	»	»	1.1			Espagne.
Cordages de chanvre	0.1	»	»	0.1			Belgique, Espagne.
Cuivre............	1.4	»	»	1.4			Belgique, Espagne.
Huiles volatiles ou essences........	0.7	»	»	0.7			Espagne.
Manganèse........	0.1	»	»	0.1			Suède.
Manne............	0.1	»	0.1	»	8 »	4 »	
Nattes, tresses de paille, écorce, etc.	2.7	»	»	2.7			Belgique, Espagne, Portugal.
Objets de collections	0.8	»	»	0.8			
Ouvrages en bois...	0.3	»	»	0.3			Belgique.
Peaux préparées et ouvrages en peau.	0.9	»	»	0.9			Belgique.
Pierres taillées....	0.3	»	»	0.3			Belgique.
Plomb............	0.7	»	»	0.7			Belgique. Espagne.
Poterie, verres, cristaux...........	3.6	»	»	3.6			Belgique.
Tissus de soie.....	1.7	»	»	1.7			Belgique.
Vêtements et pièces de linge........	0.1	»	»	0.1			Belgique, Suisse.
Totaux...	243.5	25.4	8.2	209.9			

Alors que nous exportons en Italie environ pour 200 millions dont la moitié au moins en produits fabriqués, 33 millions de produits métallurgiques.

17 — de tissus de laine.

25 — de soie.

13 — de tissus de soie.

4.5 — de tissus de coton.

4.7 — d'ouvrages en métaux.

7 — de tabletterie.

2.5 — de produits céramiques.

2.5 — d'horlogerie.

2.5 — d'articles de modes.

2.2 — de cartons et papiers.

4 — d'autres produits manufacturés.

Par une dénonciation faite en vue d'être suivie d'un d'un autre traité, nous risquerions de compromettre une exportation de plus de 100 millions de produits fabriqués, pour nous protéger d'avantage contre une importation de 8 millions où les riz que nous ne produisons pas entrent pour 7 millions 1/2.

Si l'on envisage les conséquences d'une rupture avec l'Italie et du retour au tarif général pour les produits de cette nation, nous nous serons protégés contre une importation de 17 millions environ de produits fabriqués, (car là se limite l'importation en France des produits fabriqués italiens) alors que notre exportation de ces mêmes produits en Italie est de 126 millions en 1885, que l'Italie frapperait par son tarif général de droits quasi-prohibitifs au grand profit de l'Allemagne, qui depuis l'ouverture du Gothard nous y fait déjà une si rude concurrence.

L'introduction des produits allemands en Italie a passé de 66 millions en 1881 à 120 millions en 1885.

Que nous envisagions donc la dénonciation du traité franco-italien comme devant être suivi d'un autre traité, ou comme devant amener une rupture, dans un cas comme dans l'autre, nous y perdrions.

Si quelques articles comme les riz, les pâtes alimentaires, les semoules doivent être surtaxés comme conséquence du droit sur les céréales, il semble possible d'obtenir pour ces articles, des modifications à l'occasion des négociations des traités de navigation; sur ces points spéciaux il suffira je pense que les intérssées fassent des observations motivées dont notre négociateur ne manquera pas de tenir compte.

De cette étude il me paraît résulter :

1° Que nous n'avons aucun intérêt sérieux à dénoncer le traité de commerce avec l'Italie.

Le remplacer par un autre serait pour ainsi dire sans effet utile, dès l'instant où il doit contenir la clause du traitement de la nation la plus favorisée, et cela jusque en 1892, expiration des autres traités ;

2° Que les droits inscrits à l'importation dans nos différents traités de commerce, doivent être revisés en 1892, et étudiés d'ici là en envisageant à la fois les résultats qu'ont produits les taxes actuelles, les conséquences du traité de Francfort et les conditions relatives de production des divers pays qui ont certainement changé considérablement depuis quelques années.

Permettez-moi encore à ce sujet quelques réflexions. Nos taxes douanières sont de deux sortes :

1° Le tarif général appliqué aux nations avec lesquelles nous n'avons pas de traité : ce sont les moins nombreuses, ce qui est désirable.

Il est par conséquent peu appliqué, et cependant c'est le seul qui soit discuté en détail par les Chambres.

2⁰ Nos tarifs conventionnels qui, par suite de la clause de la nation la plus favorisée, forment un tout qui est appliqué à la fois à toutes les nations avec lesquelles nous traitons, et en plus à l'Allemagne, c'est-à-dire en ce moment pour ainsi dire à toute l'Europe.

Or les taxes inscrites à ces tarifs, lesquelles sont inférieures à celles du tarif général, sont par le fait, déterminées par le Pouvoir exécutif qui présente en bloc à l'approbation des Chambres l'adoption ou le rejet d'un traité de commerce.

De sorte qu'en pratique, les taxes réellement appliquées sont précisément celles que le Parlement n'a pas examinées.

N'y a-t-il pas là un danger très sérieux !

Ne serait-il pas très utile que d'ici à 1892, il soit établi un tarif minimum discuté par les Chambres, étudié avec tout le soin qu'il comporte, soumis aux observations des chambres de commerce, et que ce tarif minimum présentant toutes les garanties d'une étude sérieuse, constitue une barrière que le Pouvoir exécutif ne pourrait franchir.

Dans la conclusion des traités futurs, il aurait à se mouvoir entre le tarif général et ce tarif minimum pour établir les taxes conventionnelles.

Tous les intérêts en cause pourraient se faire entendre.

Le Pouvoir exécutif ne pourrait, me semble-t-il, voir dans cette décision, une atteinte portée au droit que lui donne la constitution, de conclure des traités de commerce, ce serait au contraire une arme défensive qu'on lui donnerait pour le moment des négociations.

Si vous partagez mon avis, je vous proposerais, Messieurs, comme conclusions :

1° Maintien du traité franco-italien jusqu'en 1892 ;

2° Étude par le Pouvoir législatif d'un tarif minimum de douanes qui ne pourra être franchi lors du renouvellement des traités de commerce.

Nancy, le 12 novembre 1886.

Signé :

Le Rapporteur,

ROGÉ.

Lecture faite de ce rapport, la Chambre en adopte les termes et les conclusions en vote l'impression, et adresse tous ses remerciements au rapporteur.

Pour extrait conforme :

Le Secrétaire,   *Le Président,*

L'HUILLIER.   ROGÉ.

Nancy, imp. Paul Sordoillet, rue Saint-Dizier, 51.